INGRID WERNER

CharakterCards
Die intuitive Figurenentwicklung für Roman und Drehbuch

AF284354

CHARAKTER®
CARDS

Die intuitive Figurenentwicklung für Roman
und Drehbuch

———————————————

Schreibratgeber

von

INGRID WERNER

Impressum

Bibliografische Information der Deutschen Nationalbibliothek:
Die Deutsche Nationalbibliothek verzeichnet diese Publikation in der
Deutschen Nationalbibliografie; detaillierte bibliografische Daten sind im
Internet über dnb.dnb.de abrufbar.

Herstellung und Verlag: BoD – Books on Demand, Norderstedt
Lektorat: Ursula Hahnenberg, www.buechermacherei.de
Cover und Satz: Sabine Albrecht, www.benisa-werbung.de

ISBN 978-3-7519-5547-8

Inhalt

1. Auftritt!...**9**

2. CharakterCards – Die Methode **10**

  2.1. Wer profitiert?.. 10

  2.2. Diese Regeln machen Sie frei.................................... 12

     Regel 1: Vergessen! 12

     Regel 2: Nicht nachdenken!................................... 13

     Regel 3: Reden und zuhören!................................ 14

     Regel 4: Offen für Neues! 14

     Regel 5: Keine Zahlen oder Buchstaben!.............. 15

3. Ran an die Schere! – Das Handwerkliche.................**16**

  3.1. Was sollten Sie zu Hause haben?............................. 16

     Schere 17

     Cutter 17

     Bastelunterlage.. 17

     Klebestift... 17

  3.2. Schnipsel hoch drei 17

     Suche nach Genre 18

     Hintergrund... 19

     Tiere... 19

     Accessoires 20

     Aus dem Vollen schöpfen oder Zufallsgenerator?...... 20

Inhalt

3.3. Karten(set) und Rahmen... 21

    Die Karte 21

    Kartensets.. 21

    Rahmen... 21

3.4. Und los!... 22

    Vorüberlegung 22

    Personensuche 23

    Ausschneiden.. 24

    Erste Annäherung... 24

    Komposition 24

    Keine andere Person... 27

    Jetzt geht´s ans Kleben. Endlich!........................... 29

    Und nun? 31

4. Im Flow der Besprechung... **32**

    Exkurs: Hirnfrequenzen 34

4.1. Schritt für Schritt... 35

4.2. Ich bin/ich war/ich will/ich brauche 36

4.3. Geheimnisse werden offenbart................................ 38

Inhalt

5. Plotten & Co. **60**

    5.1. Inspiration 60

    5.2. Konflikte und Plotten 62

    5.3. Anfang und Ende 62

    5.4. Präsentation 63

6. Oder doch mal live dabei? **65**

    6.1. Workshops 65

    6.2. Und was sagen die anderen? 65

    6.3. CharakterCards® ist eine eingetragene Marke 68

7. Analog versus digital **69**

Anhang **72**

    Entspannungssequenz 72

    Wie können Sie ein Kartenset bestellen? 74

    Die Autorin 75

    Zu guter Letzt 76

1. Auftritt!

Der talentierte Mr. Ripley oder Berlin aus *Haus des Geldes*, Mary Poppins oder *Games of Thrones'* Drachenkönigin Daenerys Targaryen – das sind komplexe, schillernde, ungewöhnliche Figuren, die im Gedächtnis bleiben und einer guten Geschichte den besonderen Kick geben.

Auch Sie als Autorin wollen Figuren erschaffen, die den Leser in den Bann ziehen und die Zuschauerin mitfiebern lassen. Deshalb setzen Sie alles daran, unverwechselbares Personal zu kreieren. Nun gibt es unzählige Möglichkeiten, Figuren zu entwickeln und bis ins Detail Hintergrundgeschichte, Kleidergröße und ausgefallene Eigenschaften auszuarbeiten. Steckbriefe werden erstellt, Excel-Tabellen ausgefüllt und fiktive Briefe an die Protagonisten geschrieben. Diese Methoden sind erprobt und erfolgversprechend.

Aber vielleicht haben Sie genug davon, die hundertste Tabelle mit Gesten und Essgewohnheiten zu füttern? Oder Sie wollen mal etwas anderes ausprobieren, denn Sie sitzen eh viel zu viel am Computer und zermartern sich Ihr Gehirn.

Wie wäre es mit einer visuellen Methode, bei der Sie in den Flow kommen und Ihre Intuition auf Hochtouren arbeitet? Lassen Sie sich von Bildern verführen, gestalten Sie etwas mit den Händen und staunen Sie über die Überraschungen, die aus Ihrem Unterbewusstsein auftauchen. Und ganz nebenbei entstehen – ohne dass Sie sich anstrengen müssten – kleine Kunstwerke, die Sie nicht mehr aus der Hand legen wollen. Das alles passiert mit CharakterCards.

Folgen Sie mir!

2. CharakterCards – Die Methode

2.1. Wer profitiert?

Alle! Meiner Meinung nach. Zumindest alle Autorinnen und Autoren, die sich auf diese intuitive Methode einlassen wollen. Aber betrachten wir den Anwendungsbereich von CharakterCards unter einzelnen Aspekten.

- **Egal,** ob Sie Drehbuchautorin sind, Games entwickeln, sich an Ihre erste Kurzgeschichte wagen, eine Biografie in Angriff nehmen oder Ihren bislang besten Roman schreiben wollen: Sie profitieren von CharakterCards, denn interessante Charaktere sind die Basis, um das Publikum zu begeistern.

- **Egal,** ob Sie Anfänger oder arrivierte Autorin sind, CharakterCards entspannen und machen Spaß. Anfänger lesen oft einen Schreibratgeber nach dem anderen, der Kopf schwirrt vor lauter Schreibregeln, sie wollen alle gleichzeitig einhalten und fühlen sich blockiert. Fortgeschrittene sehnen sich manchmal danach, effektiv am Manuskript zu arbeiten, aber weit weg vom PC. CharakterCards kann helfen.

- **Egal,** in welchem Stadium Ihr Projekt steckt – in der Annäherung an die erste Idee, bei der Ausarbeitung der Figuren und des Plots, beim Szenen- oder Kapitelplan bis hin zur Überarbeitung das Ganzen kurz vor der Abgabe – CharakterCards können hilfreich und bereichernd für Sie sein.

- **Egal,** in welchem Genre Sie zu Hause sind, Sie können die Erkenntnisse, die Sie durch CharakterCards erworben haben, sofort umsetzen.

- **Egal,** ob Sie eine ganze Reihe entwickeln oder für eine Kurzgeschichte unverwechselbare Figuren brauchen, die Figurenentwicklung mittels CharakterCards wird Ihnen dabei gute Dienste erweisen.

Sicherlich gäbe es noch weitere Blickwinkel, unter denen man die Nützlichkeit von CharakterCards beleuchten könnte. Aber ich hoffe, ich konnte Sie bereits jetzt von meiner Anfangsthese überzeugen. Wer profitiert? – Sie alle!

2.2. Diese Regeln machen Sie frei

Regel 1: Vergessen!
CharakterCards ist eine intuitive Methode. Vergessen Sie alle Schreibregeln! Vergessen Sie, was Sie sich bis jetzt ausgedacht haben! Vergessen Sie den Plot!

Ich weiß, das kann schwierig sein, aber versuchen Sie es zumindest. Lassen Sie sich auf das Ungewöhnliche ein und schalten Sie Ihren Verstand aus.

Mit den CharakterCards setzen Sie alles bisher Erdachte auf null und laden die Intuition ein, die Führung zu übernehmen.

Dies gelingt auf denkbar einfache Weise: Sie lassen Bilder sprechen und hören ihnen zu.

Im Gehirn sind verschiedene Bereiche für unterschiedliche Aufgaben zuständig. Das analytische Denken findet in einem anderen Areal statt als die kreative, ganzheitliche Herangehensweise an ein Problem. Wir Schreibenden zapfen oft nur den logisch-analytischen Bereich an. Exzellente und kreative Ergebnisse erzielen wir allerdings nur dann, wenn beide Hemisphären im Gehirn zusammenarbeiten. Deshalb ist es wichtig, die kreative und intuitiv arbeitende Gehirnhälfte, die in Bildern denkt, in Prozesse einzubeziehen und zu fordern.

Manchen fällt anfangs der Übergang von der gewohnten, aktiven Phase des Denkens in die Intuition schwer. Wenn es Ihnen auch so ergeht, können Sie eine Entspannungssequenz einschieben. Eine beispielhafte Einstimmung finden Sie im Anhang und auf Youtube:
www.youtube.com/watch?v=6kmuoi5P1Bs

Regel 2: Nicht nachdenken!

Woher bekommen Sie Bilder, die die Fantasie anregen und Figuren in ihrer Gesamtheit erstehen lassen? Sie gestalten sie selbst. Aus vielen Fotos suchen Sie sich diejenigen aus, die Sie gleichsam *anspringen*. Also bloß nicht groß nachdenken und abwägen, sondern einfach zugreifen!

Diese Fotos können Sie selbst aufgenommen haben oder Sie durchstöbern Ihren Zeitschriftenvorrat und reißen alle Motive aus, die Ihnen interessant erscheinen. Auch wenn Sie sich jetzt noch nicht vorstellen können, dass Sie davon etwas brauchen werden. Schränken Sie sich nicht ein! Je mehr, desto besser. Je vielfältiger, desto inspirierender.

Sammeln Sie Fotos!

Frauen, Männer, Kinder, Tiere, Landschaften, Gebäude, spirituelle Elemente und alles, was Sie sonst noch finden können, stehen zur Auswahl. Diese Fotos vereinigen Sie nach einer bestimmten Reihenfolge zu einer Collage. Sie beginnen mit der Person, suchen sich danach einen passenden Hintergrund und fügen zum Schluss noch Details hinzu. Für jede Figur, die Sie genauer kennenlernen wollen, kreieren Sie eine eigene Collage. Und Sie werden am Ende sicherlich mit mir übereinstimmen: Jede ist ein kleines Kunstwerk.

Wie genau diese handwerkliche Komponente von Charakter-Cards funktioniert, werden wir in Kapitel 3 erfahren.

Regel 3: Reden und zuhören!

Nun folgt der nächste essenzielle Teil von CharakterCards: die Besprechung der Collage.

Ohne die Besprechung hätten Sie eine künstlerisch gestaltete, interessante Collage, die Sie sich zu Dekorationszwecken an die Wand hängen könnten. Aber ihren eigentlichen Zweck, Ihnen bei der Figurenentwicklung zu helfen, hätte die Karte noch nicht erfüllt.

Auf Du und Du mit einem neuen Charakter! Ihn kennenlernen, ihn von sich erzählen lassen – und plötzlich feststellen: Man spricht mit einer Mörderin!
Fenna Williams,
Autorin und Drehbuchautorin

Anhand eines Fragenkatalogs, den wir in Kapitel 4 detailliert betrachten, lernen Sie die Figur auf der Karte kennen. Auch die Besprechung ist ein kreativer Prozess, der Ihre inneren Quellen anzapft. Lassen Sie ihn zu und Sie werden mit Überraschendem belohnt.

Regel 4: Offen für Neues!

Sie haben CharakterCards für die Figuren Ihres aktuellen Schreibprojekts kreiert. Es läuft gut, Sie sind im Flow. Da fällt Ihnen das Foto dieses finster dreinblickenden Mannes in die Hände. Sie wollen es nicht mehr weglegen, obwohl alle männlichen Figuren bereits bearbeitet sind. Was hat das zu bedeuten?

Grübeln Sie nicht, gestalten Sie einfach eine Karte mit ihm. Wahrscheinlich werden Sie bei der Zusammenstellung der CharakterCard schon eine Ahnung haben, welche Bedeutung dieser düstere Mensch hat. Spätestens bei der Besprechung wird er Ihnen sein Geheimnis verraten. Es kann sein, dass er doch eine Rolle in Ihrem derzeitigen Projekt einnimmt und Ihnen vielleicht das fehlende Puzzlestück in Ihrem Plot liefert. Oder aber er ist Vorbote für Ihr nächstes Projekt.

Regel 5: Keine Zahlen oder Buchstaben!

Es ist wichtig, dass keine Buchstaben, Zahlen oder auch Logos von bekannten Marken auf der Karte zu sehen sind. Achten Sie am besten schon beim Sammeln des Bildmaterials darauf. Denn sobald wir Buchstaben oder Zahlen erkennen, wollen wir lesen – und sind sofort in dem Bereich des Gehirns, der für das Logisch-Analytische zuständig ist. Und das wollen wir ja gerade im Moment außen vorlassen. Sowohl das intuitive Aussuchen der CharakterCard-Bestandteile soll dadurch nicht beeinflusst werden als auch die nachfolgende Besprechung.

Ich sitze gerade vor meinen sechs gestalteten Charakter-Cards und bin immer noch total geflasht. Es haben sich nicht nur ungeahnte Eigenschaften meiner Figuren aufgetan, sondern auch familiäre Verstrickungen wurden deutlich, die enorm wichtig für mein Buch sind. In meinem Kopf sind nicht nur meine Figuren zum Leben erwacht, sondern es hat sich eine komplett neue Buchreihe entwickelt.

Natalie Schauer,
Selfpublisherin

15

3. Ran an die Schere! – Das Handwerkliche

In den vorangegangenen Kapiteln haben Sie einen Eindruck davon bekommen, wie CharakterCards Ihnen bei der Figurenentwicklung helfen können. Ich hoffe, ich habe Ihnen Lust darauf gemacht, es selbst auszuprobieren.

Sie müssen weder handwerklich besonders geschickt noch künstlerisch begabt sein, um CharakterCards kreieren zu können. Und Sie benötigen auch keine teure Ausstattung, um anfangen zu können. Wahrscheinlich haben Sie das meiste sogar schon zu Hause.

3.1. Was sollten Sie zu Hause haben?

Schere

Sie brauchen eine kleine, spitze Schere. Für den Anfang genügt eine Nagelschere mit gerader oder gebogener Spitze. Sollten Sie regelmäßig mit CharakterCards arbeiten, gönnen Sie sich doch eine Papierschere in dieser Größe. Mit dem richtigen Werkzeug macht es noch mehr Spaß!

Cutter

Vielleicht liegt auch schon ein Cutter in einer Ihrer Schubladen? Falls nicht, gibt es das scharfe Gerät in unterschiedlichen Ausführungen für ein paar Euro im Schreibwarenhandel. Scheuen Sie die Ausgabe nicht, denn mit einem Cutter wird der Rand Ihrer Karte perfekt.

Bastelunterlage

Basteln Sie gern? Dann besitzen Sie wahrscheinlich eine Bastelunterlage, am besten in Din A3, so haben Sie genug Platz zum Arbeiten. Für den Anfang genügt auch ein Holzbrett, ein Stück Laminat, ein altes Plastik-Tischset oder eine sonstige Unterlage, die dafür sorgt, dass der Cutter keinen Schaden anrichtet. Manche benützen ein altes Telefonbuch.

Klebestift

Und zu guter Letzt sollten Sie einen Klebestift bereitlegen.

3.2. Schnipsel hoch drei

In meinen Kursen stelle ich das Material in grandioser Vielfalt bereit. Wenn Sie zu Hause mit CharakterCards arbeiten wollen, können Sie eigene Fotos ausdrucken oder auf Ihren Zeitschriftenbestand zurückgreifen. Vielleicht sammeln Sie in Vorbereitung auf Ihre kreativen CharakterCards-Stunden Zeitschriften oder bitten Ihre Freundinnen und Bekannten um ausgelesene Exemplare. Viele sind froh, wenn die teuren Dinger nicht einfach im Altpapier landen, sondern noch Verwendung finden.

Suche nach Genre
Je nachdem, für welches Genre Sie schreiben, werden unterschiedliche Zeitschriften eine gute Quelle für Ihre Karten sein. Ohne Namen zu nennen, möchte ich Ihnen die grobe Richtung für die Suche vorgeben.

• Sollten Sie Liebesroman-Autorin sein, werden Sie bei all den Wohlfühl-Magazinen, in denen über lächelnde, glückliche Menschen berichtet wird, fündig werden. Ist bei Ihren Liebesromanen ein Schwupps Erotik dabei, schauen Sie sich doch Fitness-Zeitschriften oder Werbung für Bademoden an.

• Krimi- und Thrillerautorinnen sollten Nachrichtenmagazine oder Zeitschriften über Crime im weitesten Sinne *ausschlachten*.

• Schriftsteller historischer Romane lieben es vielleicht, auf Flohmärkten zu stöbern. Sichten Sie alte Bildbände Ihrer Epoche, die meist für wenig Geld zu haben sind.

• Fantasie- oder Science Fiction-Autoren suchen am besten in Computerzeitschriften, in Magazinen über abstrakte Kunst und Architektur. Aber Sie können auch in jeder anderen Zeitschrift etwas Passendes finden.

Schauen Sie sich in einem großen Zeitschriftenladen um, vielleicht in einem Großstadt-Bahnhof. Die Vielzahl der Möglichkeiten wird Sie inspirieren.

Im Laufe der Zeit werden Sie in jedem beliebigen Magazin interessante Fotos für zukünftige Karten entdecken, sie herausreißen und sammeln. Kein Werbeprospekt wird vor Ihnen mehr sicher sein.

Hintergrund
Neben den unterschiedlichsten Figuren brauchen Sie auch eine Auswahl an Hintergründen, sowohl Landschaften als auch Stadtansichten, je nachdem, wo Ihr Roman spielt. Reisejournale oder Zeitschriften mit Reportagen aus aller Welt sind hier eine gute Fundgrube. Oder die Fotokalender der letzten Jahre. Auch (abstrakte) Kunst bietet einen reichen Schatz an Hintergrundmöglichkeiten. Ebenso Bilder aus dem Weltraum, technische Fotos, Makrofotografie …

Tiere
Spielt ein pfiffiger Hund eine tragende Rolle in Ihrem Buch, ist es eine gute Idee, ein paar Tiermagazine vorrätig zu haben. Aber auch wenn Sie noch keinen Gedanken daran verschwendet haben, ob ein Tier in Ihrer Geschichte vorkommt, tun Sie gut daran, sich einen Vorrat an Tierfotos anzulegen. Wer weiß, ob sich nicht ein Tier als *Accessoire* auf eine Karte schmuggelt und Ihnen so eine neue, nie gedachte Information liefert. Oder Sie haben plötzlich das unbestimmte Gefühl, dass Ihre Protagonistin wunderbar von einer Fledermaus symbolisiert werden könnte. Dann halten Sie sich nicht zurück! Gerade das Ungewöhnliche regt unser Unterbewusstsein an.

Accessoires

Unabhängig davon, welche Zeitschriften Sie gesammelt haben, es werden immer auch Details, Gegenstände, Accessoires für Ihre Karten zu finden sein. Nehmen Sie einfach alles, was Sie anspricht. Irgendwann werden Sie dafür Verwendung haben. Gerade ein kleines Detail, ob ungewöhnlich oder alltäglich, kann der Schlüssel zu einer wichtigen Information über Ihre Figur sein.

Aus dem Vollen schöpfen oder Zufallsgenerator?

Nun gibt es zwei Möglichkeiten, mit dem Material zu arbeiten. Entweder Sie schneiden oder reißen alle für Sie interessanten Fotos von Menschen, Hintergründen, Details aus den Zeitschriften heraus und legen sie nach diesen Kategorien rund um sich herum ab. So zerpflücken Sie mehrere Zeitschriften und Magazine. Mir macht das immer sehr viel Spaß und ich kann erst damit aufhören, wenn der Altpapierkorb überquillt und sich um mich herum beachtliche Stapel an Fotomaterial angesammelt haben. Mit dieser Auswahl beginnen Sie, eine Karte für eine Figur Ihres Buches zu kreieren.

Es liegt nun ein Stapel Zeitschriften auf dem Tisch.

Oder Sie denken an die zu bearbeitende Figur und blättern in den noch nicht ausgeweideten Zeitschriften. Sobald Sie das Foto eines Menschen anspricht, reißen Sie es heraus. Dasselbe machen Sie mit passenden Hintergründen, weiteren Details usw.

Ich möchte Ihnen allerdings zur ersten Vorgehensweise raten, da Sie dabei eine größere Auswahl an Personen vor sich liegen haben. Das ist Ihr Fundus, den Sie überblicken. Bei der spontanen Suche besteht die Gefahr, dass Sie immer weitersuchen, weil ja in der nächsten Zeitschrift ein besser passendes Foto zu finden sein könnte.

Probieren Sie ruhig beide Methoden aus, um herauszu-finden, was Ihnen besser liegt.

Die zweite Methode eignet sich dagegen perfekt, um sich zur Findung einer Figur oder einer ganzen Geschichte inspirieren zu lassen. Wenn Sie also noch nicht wissen, wer zum Beispiel in Ihrer Kurzgeschichte eine Rolle spielen soll, könnten Sie auf diesen Zufallsgenerator zurückgreifen und sich überraschen lassen, wer mitspielen will.

3.3. Karten(set) und Rahmen

Die Karte

Außer einer Vielzahl an Fotos und den Arbeitswerkzeugen brauchen Sie natürlich noch eine Grundlage, auf der Sie die Bilder zu einer Collage arrangieren und festkleben können. Dazu eignet sich jeder feste Karton, z.B. die Rückseite eines Fotokalenders. Diesen Karton schneiden Sie in Rechtecke. Als passende Größe hat sich das Format eines kleinen Taschenbuches, also 12 x 19 cm, erwiesen.

Dieses Format ist groß genug, um das Wichtigste Ihrer Figur darzustellen, aber nicht so groß, dass die Möglichkeiten ausufern. Bei CharakterCards konzentrieren Sie sich auf das Wesentliche.

Rahmen

Eine gute Hilfestellung bei der Komposition der Karte bietet ein Papierrahmen. Damit können Sie die Anordnung der

Kartensets

Wenn Sie wollen, können Sie bei mir Kartensets bestellen. Ein Set beinhaltet eine Blankokarte im Format 12 x 19 cm sowie eine wiederverschließbare Klarsichthülle. Diese Hülle schützt die fertige CharakterCard vor Zerstörung und gibt ihr ein noch edleres Aussehen. Informationen zur Bestellung finden Sie im Anhang.

Die Folie ist für die Arbeit mit den CharakterCards nicht zwingend notwendig. Sie werden auch ohne sie alle Informationen zu Ihren Figuren erfahren.

einzelnen Schnipsel ausprobieren und so lange verändern, bis Sie damit zufrieden sind. Erst danach kleben Sie alles auf die Karte.

Diesen Papierrahmen können Sie einfach selbst herstellen. Sie legen eine Karte auf ein Din A4 Blatt, fahren mit einem Stift die Umrisse nach und schneiden den mittleren Bereich aus: Fertig ist Ihr Rahmen.

Grundsätzlich eignet sich jedes Papier dafür. Aber selbstverständlich hält der Rahmen umso länger, je dicker das Papier ist. Farblich möchte ich Ihnen entweder Weiß oder eine andere nicht auffällige Farbe empfehlen, so wird Ihre Aufmerksamkeit nicht von den zu komponierenden Bildern abgelenkt.

3.4. Und los!

Nun liegt alles bereit und Sie können mit der Gestaltung der Karte beginnen. Ich werde dazu die einzelnen Schritte beschreiben.

Vorüberlegung

Ich empfehle Ihnen, bei der ersten Karte eine Nebenfigur zu wählen. Auch wenn es Ihnen unter den Nägeln brennt, Ihrer Hauptfigur näher zu kommen, haben Sie bitte noch etwas Geduld. Die Erfahrung hat gezeigt, dass Sie sich mit dem

Ablauf von CharakterCards vertraut machen sollten, bevor Sie Ihren Protagonisten in Angriff nehmen. Beim ersten Mal ist man sehr auf das Handwerkliche konzentriert. Haben Sie dann einen Vorgang durchlaufen, fällt Ihnen bei der zweiten Karte vieles leichter und dadurch kann auch die Inspiration besser fließen.

Sie haben sich also für eine Nebenfigur entschieden. Ja, nehmen Sie am besten die Figur, die Ihnen bei der ersten Nennung in den Sinn gekommen ist. Auch hier nicht lange überlegen, sondern intuitiv handeln. Wenn Ihnen diese Figur eingefallen ist, wird das seinen Grund haben. Vertrauen Sie darauf.

Personensuche
Nehmen wir an, die Figur ist eine Frau. Dann lassen Sie Ihren Blick über all die ausgeschnittenen Frauenfotos schweifen, die vor Ihnen liegen. Welche spricht Sie an? Und wie gesagt, es ist nicht notwendig, dass die auf dem Foto abgebildete Frau exakt mit den Vorstellungen, die Sie sich vielleicht schon von ihr gemacht haben, übereinstimmt. Es genügt ein spezieller Gesichtsausdruck, vielleicht auch nur die Stimmung, in der die Person Ihrer Meinung nach ist, eine bestimmte Handhaltung. Gehen Sie nach Ihrem Gefühl. Welches der vor Ihnen liegenden Frauenfotos spricht Sie an? Das nehmen Sie.

Sollte tatsächlich keines der bereitliegenden Fotos in Frage kommen, dann schauen Sie sich doch bei den Tieren um. Eine Teilnehmerin hatte eine Katze als Stellvertreterin ihrer Figur, eine andere Kollegin setzte ein Wildschwein für ihren Protagonisten ein und bekam wunderbare Auskünfte von ihm. Sprengen Sie die Grenzen in Ihrem Kopf, lassen Sie das Unvorhergesehene herein und genießen Sie das Ergebnis!

Ausschneiden

Schneiden Sie die Frau so detailliert wie möglich aus. Je genauer Sie die Konturen mit der Schere umranden, desto mehr Freude haben Sie am Ende an Ihrer Karte.

Wichtig: Es wird noch nicht geklebt!

Erste Annäherung

Nun kann es sein, dass Sie ein Frauenfoto gewählt haben, das größer als die Karte ist. Das macht überhaupt nichts. Legen Sie die Frau unter den Rahmen und schieben Sie sie so lange hin und her, bis Sie einen Ausschnitt von ihr vor sich haben, der Ihnen gefällt.

Idealerweise ist jetzt noch genug Platz für einen Hintergrund.

Komposition

In welches Setting wollen Sie Ihre Figur setzen? Lebt sie auf dem Land oder in der Stadt? Ist sie immer in einer Bibliothek anzutreffen oder hat sie einen Stammplatz im Lieblingscafé? Suchen Sie sich einen passenden Hintergrund aus Ihrer Sammlung aus.

Beim ersten Mal sollte das Foto größer als die Karte sein. Nachdem Sie einige CharakterCards gestaltet haben, können Sie natürlich auch eine Komposition aus unterschiedlichen Hintergründen verwirklichen, wenn Sie das wollen bzw. die Figur und Ihre Intuition es verlangt.

Aber für den Anfang nehmen Sie ein großes Foto, z.B. aus einem Kalender. Legen Sie es unter den Rahmen und verschieben Sie ihn solange, bis Sie mit dem Ausschnitt, der zu sehen ist, einverstanden sind. Schieben Sie nun auch die Person wieder unter den Rahmen und probieren Sie verschiedene Positionen aus. Wo fühlt es sich richtig an?

Was sagt Ihre Intuition?

Wenn Sie zufrieden sind, möchte ich Sie zu einer kurzen Pause animieren. Stehen Sie doch auf und schauen Sie aus dem Fenster. Sie können sich auch etwas zu trinken holen.

Was bezwecke ich damit? Nach Ihrer Rückkehr sehen Sie mit frischem Blick auf Ihr Werk. Gefällt es Ihnen? Ist die Figur am richtigen Platz? Entscheiden Sie aus dem Bauch heraus. Und ganz wichtig: Fehlt vielleicht noch etwas?

Jetzt wird es noch spannender: Vielleicht haben Sie das Gefühl, dass noch eine Kleinigkeit ergänzt werden sollte, um die Karte, deren Aussage oder Stimmung rund zu machen. Dann gehen Sie wieder auf die Suche. Nun blättern Sie durch die Stapel mit den Tieren und den Gegenständen. Wo zieht es Sie hin? Was spricht Sie an? Denken Sie nicht, sondern nehmen Sie spontan das Foto zur Hand, das zu Ihnen will.

Gehen wir davon aus, es ist ein altes Radio. Wieder schneiden Sie ganz gewissenhaft aus, legen das Radio auf die leere Stelle und lassen alles auf sich wirken. Ist es jetzt stimmig?

Wenn ja, alles bestens. Gleich geht es weiter.

Wenn nein, dann spielen Sie mit unterschiedlichen Kombinationen. Lassen Sie Figur und Gegenstand im Rahmen rotieren. Sie werden spüren, wenn alles an seinem Platz ist.

Sollten Sie nach der neuerlichen Spielerei um die richtige Anordnung das Gefühl haben, es fehlt immer noch etwas, dann begeben Sie sich wieder auf die Suche. Schneiden aus, legen dazu, verschieben, nehmen notfalls etwas wieder weg.

Das wiederholen Sie so lange, bis Sie mit Ihrer CharakterCard glücklich sind. Sie werden wissen, wann Sie genug ausprobiert haben.

Sie ziehen umso mehr Gewinn und Informationen aus Ihrer Arbeit mit CharakterCards, je mehr

Sie bei der Komposition der Karte auf Ihre Intuition hören. Schauen Sie sich doch zur Illustration die beiden nachfolgenden CharakterCards an.

Für beide Karten wurde derselbe Hintergrund gewählt, auch das kleine tanzende Mädchen ist gleich. Aber in einem Fall steht über der Fee im hellen Kleidchen ein Totenschädel. Eine leicht bedrohliche, unheimliche Atmosphäre. Im anderen Fall schwebt und tanzt sie über einer glänzenden Muschel. Beide Karten symbolisieren eine interessante Geschichte, die jeweils völlig anders erzählt werden wird. Hier sehen Sie, wie die Position der Figur sowie das Hinzufügen und die Stellung des *Accessoires* die Bedeutung der Karte verändern kann.

Keine andere Person

Jede Figur Ihrer Geschichte bekommt eine eigene Karte. Dies hat den Sinn, dass Sie mit dieser Karte später weiterarbeiten. Sie dürfen Ihrer Figur alles beigeben außer Buchstaben, Zahlen und andere Personen. Das Verbot von Buchstaben und Zahlen kennen Sie aus Regel Nr. 5. Unser Gehirn springt sofort in sein logisch-analytisches Arbeitszentrum, um diese Symbole zu lesen. Damit wird der kreativ-intuitive Prozess unterbrochen. Das wäre zu schade.

Ich rate Ihnen auch, keine weiteren Personen in Ihre Komposition aufzunehmen. Nicht nur in der Besprechung würde eine zweite Person immer wieder *dazwischenfunken*. Auch wenn Sie mit den Karten plotten wollen, stört eine andere Person.

Stellen Sie sich vor, Sie platzieren ein Geschwisterpaar gemeinsam auf eine Karte, weil die beiden eh so eng miteinander sind, weil Sie die beiden zusammen auf einem Foto in der Zeitschrift gefunden haben und es so harmonisch aussieht, wie sie von der Karte herunterlächeln. In der Besprechung fangen aber die Probleme an. Wer von den beiden spricht denn nun zu Ihnen?

Vielleicht denken Sie, dass Sie mit einer Karte zwei Besprechungen machen können? Ja, möglich wäre es. Aber nicht zu empfehlen. Sie berauben sich mit diesem Vorgehen wichtiger Informationen. Denn hätten Sie zwei Karten kreiert, hätten Sie auch zwei verschiedene Hintergründe und zwei oder mehr voneinander abweichende Details über die Personen. All diese Unterschiede würden eine jeweils andere Stimmung schaffen und eine andere Geschichte erzählen. Und Sie profitieren davon.

Wenn Sie in der Methode von CharakterCards geübter sind, können Sie andere Personen oder Personengruppen als Statisten auf einer Karte integrieren. Um zum Beispiel zu zeigen, dass Rocky Rockstar der Liebling der Massen ist. Dann sind die anderen Menschen nur Beiwerk, die bildliche Verstärkung einer Eigenschaft. Am Anfang gestalten Sie besser Solo-Karten, so können Sie sich auf Ihre Figur konzentrieren und bekommen eindeutige Antworten.

Diese These möchte ich mit einem Beispiel untermauern. Sehen Sie sich doch die nebenstehende Karte mit dem kleinen Mädchen und den dunklen Silhouetten an. Zu dieser Zusammenstellung würde ich Ihnen als Anfängerin nicht raten. Wer ist die Hauptperson? Das Mädchen im Licht oder die Personen im Schatten? Beide sind interessant. Wenn Sie die Karte für das Mädchen gemacht haben, spuken Ihnen bei der Besprechung aber wahrscheinlich auch immer wieder die dunklen Personen im Kopf herum. Um klare Verhältnisse zu schaffen und sich am Beginn des Adaptierens einer neuen Methode nicht verwirren zu lassen, rate ich dazu, die gewünschte bedrohliche Situation durch etwas anderes als durch Personen auszudrücken. Sie finden sicher etwas.

Wenn Sie Ihre zehnte CharakterCard kreiert und besprochen haben, können Sie mit so einem Personenmix experimentieren, wobei die zweite Person immer eine stark untergeordnete Rolle spielen sollte.

„Ausschneidetipp" für Profis
Die Umrisse von einem Tier mit Fell, einer Person mit strubbeligen Haaren oder Wassertropfen werden natürlicher, wenn Sie nicht schneiden, sondern vorsichtig reißen.

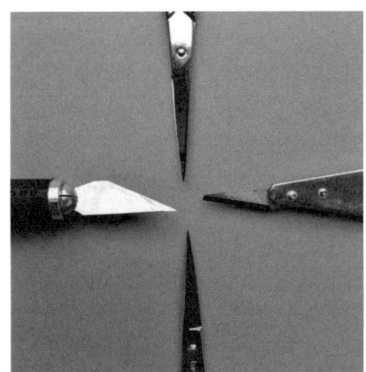

Jetzt geht's ans Kleben. Endlich!
Nun liegen alle Fotoausschnitte für Ihre CharakterCard vor Ihnen und Sie können mit dem Kleben beginnen.

Den Anfang macht der Hintergrund. Nehmen Sie die anderen Schnipsel beiseite und kontrollieren Sie mittels des Rahmens noch einmal, ob der Ausschnitt des Hintergrunds für Sie ideal ist. Wenn alles passt, legen Sie die leere Karte in den Rahmen. Der Hintergrund wird nun völlig verdeckt. Jetzt können Sie den Rahmen entfernen.

Um zu markieren, welcher Ausschnitt auf die Karte geklebt werden soll, knicken Sie an den Seiten der Karte den Hintergrund um. Am besten einmal horizontal und einmal vertikal, so haben Sie einen Falz über Eck. Das ist Ihr Fixpunkt.

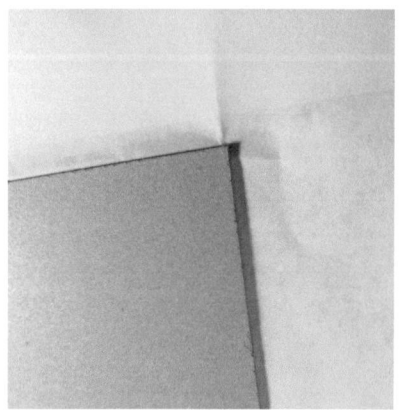

Drehen Sie den Hintergrund um, sodass Sie die Rückseite der Fotografie sehen. Bestreichen Sie die Karte sorgfältig mit Kleber. Die bestrichene Seite legen Sie mit einer Ecke auf die vorher durch Umknicken markierte Ecke auf der Rückseite des Hintergrundbildes.

Drücken Sie die Karte fest, dann schneiden Sie mit dem Cutter die überstehenden Ränder ab.

Drehen Sie die Karte um und kleben Sie die Figur sowie sämtliche Details auf ihre Positionen. Voila!

Und nun?

Glückwunsch! Sie halten Ihre erste CharakterCard in Händen. Wenn Sie mit dem Kartenset von mir gearbeitet haben, können Sie sie jetzt in die Hülle stecken und verschließen.

Was sagen Sie?

Ist sie nicht wunderschön? Habe ich zu viel versprochen, als ich die CharakterCards als kleine Kunstwerke beschrieben habe?

Erfreuen Sie sich daran, stellen Sie sie an Ihren Arbeitsplatz, sodass Sie immer wieder einen Blick darauf werfen können. Auch in der nachfolgenden Schreibzeit.

Doch noch sind wir nicht am Ende. Nun folgt ein weiterer essenzielle Bestandteil der Methode CharakterCards: Die Besprechung.

4. Im Flow der Besprechung

Ohne die Besprechung der Collage hätten Sie eine schön gestaltete Karte, die Ihnen zwar Geheimnisse zuflüstert, Sie könnten diese Geheimnisse aber leider nicht hören. Deshalb ist es wichtig, die Karte sprechen zu lassen. Und das ist wörtlich zu verstehen: Sie selbst müssen ihr Sprachrohr sein und reden.

Wenn Sie zu Hause allein arbeiten, aktivieren Sie die Diktierfunktion am Handy. Denn es ist unumgänglich zu sprechen. Bitte notieren Sie sich Ihre Gedanken nicht, weder handschriftlich noch schnell mal in den PC. Denn beim Schreiben wird wieder die logisch-analytische Funktion im Gehirn angeknipst und die haben Sie ja gerade in den Urlaub geschickt.

Gegen das Schreiben spricht auch, dass man nicht jeden Gedankenblitz aufschreiben wird. Der innere Kontrolleur überprüft, ob der Gedanke wirklich so wichtig ist oder es vielmehr der Effektivität widersprechen würde, den Befehl an die Hand weiterzuleiten und sie tätig werden zu lassen. Beim Sprechen ist er nicht so streng. Da flutscht schon mal eine Idee durch die mentale Kontrolle – und das wollen wir! Ihre Empfindungen und Gedanken sollen so unzensiert wie möglich an die Außenwelt dringen. Meist weiß man nach der Besprechung nicht mehr, was man alles gesagt hat, und ist beim Abhören überrascht, welche Informationen man bekommen hat.

Nach der Besprechung dürfen Sie die gesprochenen Informationen selbstverständlich protokollieren. Auf welche Art auch immer Sie wollen.

Im Workshop setzt man sich zu zweit zusammen, eine Teilnehmerin spricht, die andere protokolliert. Vielleicht probieren Sie CharakterCards gemeinsam mit Ihren Kolleginnen in der Schreibgruppe aus. Dann können Sie die Workshop-Situation nachstellen.

Die aufschreibende Person macht nichts anderes, als Protokoll zu führen. Sie sagt nichts dazu. Mag die Karte auch noch so viele Assoziationen bei ihr triggern, diese interessanten Dinge muss sie für sich behalten. Der Prozess des Hineinversenkens in die Karte bei der sprechenden Person darf nicht durch Meinungsäußerungen, Fragen oder Kommentare des Protokollanten gestört werden. Es ist die Karte des anderen, seine innere Wahrheit, und das muss unter allen Umständen respektiert werden.

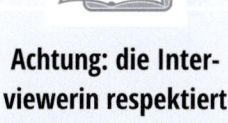

Achtung: die Interviewerin respektiert die Welt der anderen

Exkurs : Hirnfrequenzen

Im Gehirn sind verschiedene Bereiche für den logisch-analytischen oder den kreativ-intuitiven Prozess zuständig – und
ein Springen von einem zum anderen für CharakterCards
kontraproduktiv.

Auch für die Empfehlung, die Gedanken und Empfindungen zur Karte nicht eigenhändig aufzuschreiben, gibt es eine
Begründung aus dem Wissen um die Gehirnfunktionen.

Hirnströme werden mittels EEG gemessen, dabei werden
die Schwingungen pro Sekunde (Hertz, Hz) aufgezeichnet. Je
entspannter wir sind, desto gleichmäßiger und langsamer
sind die Schwingungen.

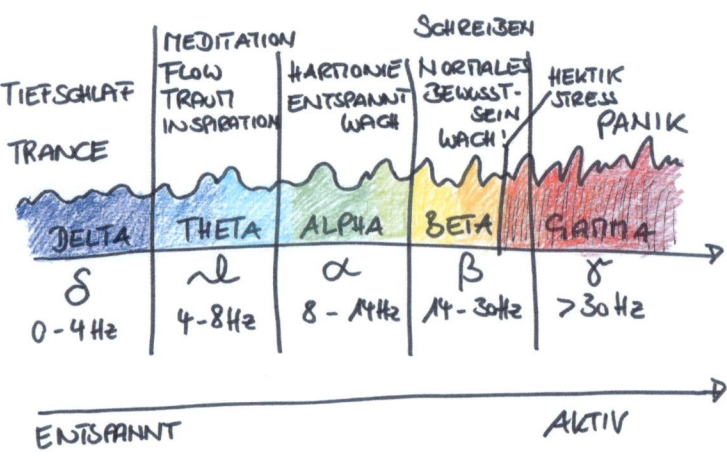

Anhand des Schaubildes können Sie sehen, dass die gemäch-
lichen Amplituden der Theta-Phase durch die Traumphase
des Schlafs, Meditation und Inspiration erreicht werden.
Wenn wir im Flow der Gestaltung einer CharakterCard sind,

ist unser Gehirn in der Thetaphase. Fangen wir aber zu schreiben an, werden die Hirnströme um einiges schneller und wir springen in die Beta-Phase, raus aus der Inspiration. Daher würde das eigenhändige Aufschreiben Sie aus dem Flow der Intuition reißen.

4.1. Schritt für Schritt

Wie beginnen Sie eine Besprechung? Zuerst lassen Sie die Collage auf sich wirken. Sie versetzen sich in die Position der Figur auf der Karte und lassen diese Figur erzählen. Das mag sich wie esoterischer Klimbim anhören, doch nur so eröffnen Sie der Intuition die Möglichkeit zu arbeiten.

Der Einfachheit halber können Sie sich an einem Punktekatalog orientieren, der unter anderem das berühmt-berüchtigte Want und Need der Figur abfragt.

Die CharakterCards mit ihrer Bildsprache sind wie ein Vitamincocktail mit Langzeitwirkung. Schon im Kurs begannen meine Figuren zu sprechen und zu laufen. Seitdem renne ich ihnen schreibend hinterher ...

Sybil Volks,
Autorin

Aber diese Fragen sind nur Anhaltspunkte. Die effektivsten Ergebnisse erzielen Sie, wenn Sie sich auf diesen Prozess ganz einlassen und ohne Selbstzensur berichten, was Ihnen in den Sinn kommt. Also auch, welche Stimmung die Karte bei Ihnen hervorruft, welche Assoziationen Sie bei der Anordnung der Elemente auf der Karte haben oder bei einzelnen Details. Sie werden ein ganzheitliches Bild Ihrer Figur erhalten und Dinge erfahren, die Sie vorher noch nicht wussten. Eigenschaften, Motive oder Hintergrundinformationen tauchen auf. Die Figur wird schillern, und Sie werden begierig darauf sein, mit ihr die dramaturgische Reise zu beginnen.

4.2. Ich bin/ich war/ich will/ich brauche

Der nachfolgende Katalog soll nur eine Hilfe für Sie sein, dem Wesen Ihrer Figur auf die Spur zu kommen.

- **Name und Stellung der Figur im Roman**
  Nehmen wir mal an, Ihre zu erkundende Nebenfigur heißt Nicoletta und ist die Tochter der Protagonistin.

- **Situation/Ich bin/ich fühle mich**
  Sie als Autorin versetzen sich in die Situation der Figur auf der Karte. Sie sprechen als diese Figur. Hören Sie in sich hinein. Welche Gefühle tauchen auf? Welches Verständnis von sich selbst haben Sie als Nicoletta?
  Sollte es Ihnen anfangs schwerfallen, in die Rolle Ihrer Figur zu schlüpfen, dann beschreiben Sie, was Sie auf der Karte sehen, und achten Sie auf Ihre Empfindungen dabei. Sprechen Sie aus, was Sie spüren. Ohne Scheu. Es hört Ihnen ja niemand zu (bzw. nur eine Kollegin, die gleich in derselben Situation sein wird wie Sie und daher vollstes Verständnis hat). Alles kann wichtig sein. Je länger Sie sprechen, desto tiefer verbinden Sie sich mit Ihrer Figur und desto mehr Informationen werden Sie bekommen.

- **Historie/ich war**
  Die Historie ist nicht der Plot, es geht um neue Informationen über den Hintergrund der Figur. Es wäre ja ohne Nutzen, wenn Sie alles aufzählen würden, was Sie sich schon ausgedacht haben. Aber vielleicht bekommen Sie durch die Arbeit mit der Karte und die Besprechung neue Informationen über den Hintergrund der Figur. Vielleicht taucht eine Einzelheit ihrer Vergangenheit auf, die Sie noch nicht kannten. Das gehört hierher.

- **Want/ich will**

  Mit Want ist das äußere, offensichtliche Ziel der Figur gemeint. Das, was sie unbedingt erreichen will. Materiell oder immateriell. Zum Beispiel Karriere, Sieg über den Gegner, Aufklärung des Mordfalls usw.

- **Need/ich brauche**

  In 99 % der Fälle ist das Want (Ziel) aber nicht das, was die Figur wirklich braucht, um glücklich zu werden. Das innere Bedürfnis ist oft ein Grundbedürfnis des Menschen, also Liebe, Sicherheit, Frieden, Anerkennung, Freiheit, Selbstbestimmung usw. Hören Sie hin, welches davon gerade bei Ihrer Figur eine Rolle spielt.

- **Konflikt/Gegenspieler**

  Wenn Sie mit Ihrer Geschichte am Anfang stehen oder sie sogar erst mit Hilfe der CharakterCards entwickeln wollen, bekommen Sie durch die Besprechung eine Ahnung, um welchen Konflikt es bei Nicoletta gehen könnte. Der Konflikt hat seine Wurzeln im Charakter der Figur. Dem sind Sie durch die CharakterCard auf die Spur gekommen.

  Wenn Sie Ihren Roman bereits geplottet oder den Großteil schon geschrieben haben, können Sie mit diesem Fragekomplex überprüfen, ob alles stimmig ist.

  Denken wir uns doch eine weitere Frau namens Marie aus, die ebenfalls in Ihrer Geschichte eine Rolle spielt. Welche Gefühle hat Nicoletta Marie gegenüber? Ist Marie tatsächlich ihre Antagonistin? Oder kann es sein, dass eine andere Person die Rolle besser ausfüllt, weil sie ein viel dringenderes Bedürfnis hat, das dem Wesen und Wollen von Nicoletta entgegensteht?

  Sollte ein (neuer) Gegenspieler auftauchen, ist es eine gute Idee, die nächste CharakterCard für ihn zu gestalten.

4.3. Geheimnisse werden offenbart

Auf den folgenden Seiten stelle ich Ihnen einige Beispiele von Besprechungen vor. Sie geben Ihnen einen besseren Einblick in die Arbeit mit den CharakterCards. Frühere Teilnehmerinnen meiner Workshops haben mir freundlicherweise CharakterCards mit den dazugehörigen Protokollen zur Verfügung gestellt. Herzlichen Dank!

Anhand der Beispiele können Sie sehr schön sehen, wie intuitiv diese Arbeit ist. Die Erschafferin der Karte spricht manchmal stichwortartig, nur so, damit sie selbst es versteht. Es ist nicht wichtig, dass diejenige, die protokolliert, weiß, um was es geht. Man kann fast miterleben, wie tief die Autorin in der Welt ihrer Karte versunken ist. Bei einigen Protokollen hört man sogar die Stimme der Figur heraus. Wunderbar!

Manchmal können Sie lesen, wie sich die Erschafferin der Karte selbst noch nicht sicher ist, was sie genau erschaffen hat und warum. Dieses Herantasten an die Wahrheit der Karte ist perfekt. Denn nach einer gewissen Zeit werden sich die Fragen von selbst beantworten.

Auch wenn Sie denken, dass manche Sätze unter anderen Punkten stehen müssten (nach dem, was Sie bisher gelesen haben), seien Sie nicht zu streng. In der Situation des Versunkenseins kann es schon mal vorkommen, dass man die auftauchenden Informationen nicht schulbuchmäßig einordnet. Wichtig ist, dass sie überhaupt festgehalten werden. Bei der späteren Arbeit mit der Karte und dem Protokoll fügen sich die Informationen automatisch dort ein, wo sie hingehören.

Und noch etwas werden Sie bei den Karten erkennen, auch wenn es nur Schwarz-Weiß-Abbildungen der farbigen Originale sind: Jede CharakterCard ist ein Kunstwerk. Sie ist mehr als die Summe der zusammengefügten Fotoausschnitte.

Eine Folge der Einordnung der CharakterCards als Kunstwerke ist, dass jede Autorin, die eine CharakterCard kreiert, eine Künstlerin ist – auch wenn sie das selbst vorher nicht für möglich gehalten hat. Im Workshop legen wir alle Karten in der Mitte aus und betrachten sie in einer Abschlussrunde staunend. Denn jede Karte sieht völlig anders aus, hat die eigene „Handschrift" der jeweiligen Autorin.

Ich bin von der Vielfalt jedes Mal überwältigt. Jede dieser Karten könnte man in einer Galerie ausstellen. Und mir wurde schon oft berichtet, wie glücklich die Teilnehmerinnen mit ihren CharakterCards sind, wie sehr sie auch die Ästhetik der Karten schätzen. Über die Ästhetik erreichen wir Bereiche in unserem Inneren, die dem reinen Gedankenkonstrukt verschlossen sind.

Jede Karte ist ein Kunstwerk.

Benedetta Pazzoli – eine der Protagonistinnen

Ich bin die Meisterin meiner Seele. Deshalb kennt keiner mein wahres Gesicht. Zwischen mir und meiner erhobenen Hand liegt alles, was meine Familie braucht. Ich halte dort alles weiß und sauber und ordentlich. Zu uns kann jederzeit jeder kommen. Er wird nicht sehen, was wir sind, sondern, was wir zeigen

Historie

Ich habe alles gelernt, was meine Mutter wusste und mein Vater wollte. Das Wissen macht mich aus und es schützt mich und es gibt mir die Autorität, auf meine Familie aufzupassen

Want

Ich möchte, dass alles so bleibt, wie mein Vater es eingerichtet hat, und ich weiter die Augen und Ohren unserer Familie bin, dann lerne ich vielleicht auch einmal, der Mund unserer Familie zu sein

Need

Ich möchte die Wahrheit sagen können, ich möchte mich trauen, den Schmutz hinter der Sauberkeit zu zeigen. Dann wird jeder mein Gesicht sehen, sogar ich selbst

Konflikt/Gegenspieler

Es ist meine Aufgabe, die Familie zusammenzuhalten und zu verhindern, dass jemand die Wahrheit erfährt. Meine schwere Aufgabe macht mich zur Heiligen. Ich bin jünger als ich handle

Felix, ein Freund der Hauptperson

Ich hatte eine Vorstellung von meinem Leben, passt nicht mehr. Was soll die Katze? Was hat sie mit mir zu tun? Ich bin dunkelhäutig, was mich überrascht. Ich muss mich entspannen, mein Job hat damit zu tun. Ich denke an jemanden, der weiter weg ist

Historie

Es geht um Freundschaft, ich will jemanden dazu bringen, ehrlich zu sich selbst zu sein. Dabei muss ich ehrlich zu mir sein

Want

Ich weiß nicht, was ich will, weil mich Liebe überfällt. Das sollte nicht sein. Es passt nicht. Ich bin nicht im Reinen mit dem, was ich will

CC-Künstlerin Ina May, Autorin

Need

Ich dachte, ich habe, was ich brauche

Konflikt/Gegenspieler

Er hat Konflikt mit sich selbst, niemanden zum Reden

Ferdinand, männliche Hauptperson von 2, 34
Ich bin ernsthaft, gefühlsmäßig unentschlossen. Ich soll bestimmte Erwartungen erfüllen und entscheide mich, es nicht zu tun. Ich bin ein Spieler und Stratege

Historie
Meiner Mutter muss ich bestimmte Dinge verheimlichen

Want
Finanzbeamter, der den „Kick" sucht (Musik im Club auflegen)

Need
Will im Privatleben so leben, wie er wirklich ist, und so geliebt und akzeptiert werden

**Konflikt/
Gegenspieler**
Familienstruktur. Er muss den Mut aufbringen, sich zu outen

CC-Künstlerin Ina May, Autorin

Zukünftiger Liebhaber, kein Name

Ich bin Physiotherapeut. Zurzeit heimatlos, bin jung, sport-lich, habe schon einiges erlebt, viel Schönes, Abenteuer, das kann so weitergehen, nur irgendwas fehlt. Ich weiß noch nicht, was. Vielleicht sollte ich entscheiden, wo ich leben will, (halb Kalifornier, halb Deutscher) bin ich beides oder gar nichts, ist aber eigentlich egal, Hauptsache, es geht mir gut. Das Leben ist super

Historie

Hatte eine gute (Herkunfts-)Familie, bin mit meinem leibli-chen Vater auch klargekommen, ich war unsicher, ob das Le-ben in Kalifornien viel aufregender wäre als in Deutschland, wo ich aufgewachsen bin, aber ganz so war es nicht, dass es in Kalifornien aufregender war als in D. Vielleicht bin ich jemand, der überall klarkommt, ein Multitalent

CC-Künstlerin Gabriele Scholtz, Autorin

Want

Ich glaube, mit Anfang 30 sollte ich mal entscheiden, wo ich eigentlich leben will und was ich tun will, wo mein Platz in der Welt ist. Manche Freunde haben schon Kinder. Ich habe noch nicht mal eine (feste) Freundin

Need

Hm, wenn ich es wüsste, es gibt doch wirklich Unangenehmeres als frei wie ein Vogel durch die Welt zu flattern, das hat was, also mal ehrlich, ich will noch einiges erleben und Festanstellung und Familien können warten. Ich bin ja noch jung

Konflikt/Gegenspieler

Tja, ich komme mit allen Leuten klar. Mit meinen Chefs hier in Deutschland, auch mit den Patienten. Meine Mutter – ich soll ihr endlich Enkel bescheren, soll mal zur Ruhe kommen, aber richtig sauer ist sie nicht. Ich glaube, mein Konflikt ist Abenteuer oder Sesshaftigkeit

Silke, Hauptfigur, Rosemaries Schwester

Ich halte alles zusammen, übernehme die Verantwortung, wenn andere sich davonschleichen. Ich stehe meinen Mann, sowohl in Friedenszeiten als auch in den Wirren des Krieges. Ich verzichte

Historie

Ich verzichte, damit andere ihre Träume leben können, aber nicht immer, denn ich lasse mich nicht für dumm verkaufen

Want

Sich in einer Männerwelt durchsetzen, um ihre Schwester zu schützen

Need

Loslassen, Hilfe annehmen

Konflikt/Gegenspieler

Hunger, Krieg, Bruder, Besatzungsmacht, Polizei, Gesetz, innerer Konflikt, die zu schützende Schwester

CC-Künstlerin: Janet Clark, Autorin

Rosemarie, Hauptfigur
Ich sehe immer das Licht am Ende des Tunnels, bin wild und frei, denke zu wenig über Konsequenzen nach, kenne keine Konventionen, liebe Luxus, verkrafte aber auch einfachste Verhältnisse gut

Historie
Im Gegensatz zu den großen Geschwistern hatte ich immer die Freiheit zu spielen und zu tun, was ich wollte. Freiheit ist mir wichtig, aber ich kann sie mir nur erlauben, weil meine Familie den Rahmen dafür geschaffen hat

Want
Den Rahmen für die persönliche Freiheit durch Wohlstand wieder erschaffen

Need
Freiheit ist viel mehr als Geld

Konflikt/Gegenspieler
Ihr impulsives Temperament, auch in der Liebe, die Dominanz der Männerwelt, die Bemutterung durch Silke, der Hungerwinter

Das Buch über die zwei ungleichen Schwestern erscheint im Herbst 2021 bei Harper Collins.

CC-Künstlerin:
Janet Clark, Autorin

Juli, weibliche Hauptfigur

Ich bin nicht einsam, fühle mich einsam, verzweifelt, wütend, ziellos. Geliebt, doch es reicht nicht. Ich bin nichts Besonderes, wäre es so gerne! Nicht da, wo ich meiner Meinung nach hingehöre

Historie

Als Kind in eine Familie hineingeboren, alle außer mir haben besondere Begabungen. Ich gehöre nicht dazu

Want

Ich will dazugehören. Ich will die Kontrolle über mein Leben, meinen Platz finden

Need

Brauche ein Wunder!

Konflikt/Gegenspieler

Wird das Wunder geschehen – warte ich; was unternehme ich dafür

CC-Künstlerin: Pea Jung, Autorin

Cecilia, Protagonistin

Ich bin Erbin eines Kosmetikkonzerns, ich hasse es zu altern, ich sehne meine Jugend zurück. Habe nie etwas Eigenes auf die Beine gestellt (Beruf Erbin). Bin die letzte aus der Familiendynastie, habe keine Kinder

Historie

-

Want

Möchte nicht als Z-Promi gelten. Versucht, auf Aktionen in Social Media im Gespräch zu bleiben. Möchte einfach Promi sein

Need

Wünscht sich ein Leben in der Natur, in der sie keine Rollen spielen muss, und die Einsicht, dass Älterwerden auch ein Segen ist

Konflikt/Gegenspieler

Alle aus dem Camp, die ihr zu verstehen geben, dass sie es nur durch die Geburt in die Sendung geschafft hat

CC-Künstlerin: Sandra Haußer, Autorin

Suki, Die Frau hinter den Dingen

Ich bin auch eine gewöhnliche Frau. Ich bin Nachtleben. Und ich bin die heimliche Parole.

CC-Künstlerin: Iris Leister,
Autorin und Drehbuchautorin

Ich bin die Göttin in der 3. Gestalt. Ich trage meinen Kopf hoch und gehe durch sämtliche Widerstände. Meine Kette besteht aus Menschenzähnen. Mein Zeichen ist der Schmetterling. Ich bin wütend. Ich werde von Ferne bewundert. Wie alle Unsterblichen brauche ich Hilfe. Der Schmetterling wandelt sich stetig und ist das Zeichen von Unsterblichkeit. Ich sehe Lichterketten in der Dunkelheit, das sind einzelne kleine Sterne/Flämmchen, die den Weg weisen. Das Netz bietet

Hilfe, aber auch die Gefahr, sich zu verfangen. Ich gehe durch die Städte. Ich trage königlichen/göttlichen Schmuck. Das Fremde, Majestätische, sehr Geheimnisvolle. Dunkle Haut, androgynes Gesicht. Madonna für das Spirituelle: Drei-Einheit der ursprünglichen Göttin: junge Frau, Mutter und Greisin. Kabel: Schlange, Zivilisation, das Alte und das Neue. Verletzung und Heilung. Stromkabel

Historie
-

Want
Wir brauchen die Welt zurück. Ich werfe Fäden und Netze aus und lege Spuren

Need
Ich will, dass er mich liebt. Sie muss verschwinden

Konflikt/Gegenspieler
„Sie", deren Namen ich nicht ausspreche, hat ihn in ihren Krallen. Und er verschwimmt in gutmütiger Verblendung. Er muss aufwachen!

Claudine

Ich bin ein Waisenkind, bis 16. Lebensjahr im Waisenhaus, franz./dt. Grenze am Rhein, jetzt lerne ich Buchbinderin auf dt. Seite der Stadt, in der Stadtbibliothek einer Bibliothekarin begegnet, die mich ermutigt hat, diese Ausbildung zu machen. Im alten Kloster bei Mönchen.

Empathin, ethische Skrupel, böse und schlechte Gedanken beeinflussen andere Menschen. Meistens setzt sie die Fähigkeit dazu ein, Frieden zu stiften

Historie

-

Want

Selbstständig sein, keine Abhängigkeit von Vormündern, möchte selbstbestimmtes Leben, Erfolg

Need

Meine Familie finden, habe nur ein Medaillon, lag mit mir im Körbchen mit Namen, aber meine Familie wurde nicht gefunden. Name: Claudine Erablier. Auf Deutsch bedeutet er Ahornernte.

Wo kommt der Name her?

CC-Künstlerin Alex Sassmann, Autorin

52

Konflikt/Gegenspieler

Hinweis auf Vater, ein Kontakt und Ablehnung, Vater wollte nichts von mir wissen

Das macht mich wütend und das ist ein Problem, weil das Auswirkungen negativer Art hat, eigentlich bin ich harmonie-bedürftig. Wie bringe ich es zu einem positiven Ende?

Romy Schindler, Hauptperson

Ich bin Mitte 20, echtes Landkind, arbeite im Gastrobetrieb des Vaters, Mutter tot, enge Beziehung zum Vater, sehr vertrauensvoll, deshalb bin ich dort geblieben, er braucht mich. Eigentlich möchte ich Schauspielerin werden, aber das gilt in unserem Dorf nicht als Beruf. Ich liebe das Landleben, aber manchmal ist es zu ruhig und ereignislos. Um meinem Traum näher zu kommen, spiele ich in einer Laienspielgruppe. Ich bin Single, flirte aber zurzeit gerne mit unserem ortsansässigen Tierarzt.

Historie

Geboren und aufgewachsen in dem Dorf, in dem ich lebe. Mutter starb, als ich fünf war, Vater hat sich nicht wieder gebunden. Habe meine Träume so früh begraben, dass ich mich gar nicht mehr richtig erinnere. Alle halten mich für glücklich, bin beliebt und jeder kennt mich

Want

Die brave Tochter sein, die aufmerksame Freundin, die freundliche Nachbarin

Need

Auszubrechen, den Wind des Lebens um die Nase wehen zu lassen, etwas von der Welt sehen und mal frei von Pflichten und Verpflichtungen zu sein

Konflikt/Gegenspielerin

Äußeres Bild und inneres Bild stimmen nicht überein. Es macht mich unzufrieden, ich darf es nicht zeigen. Gegenspieler ist mein Harmoniebedürfnis

Chris, Protagonist

Ich bin 15 Jahre alt. Das Jugendamt hat mich von meinem Vater geholt, weil mein Elternhaus ist zerbrochen. Meine Mutter ist schon lange weg und ich bin jetzt wieder bei meinem Vater, weil meine Oma gestorben ist. Mein Vater ist cholerisch und trinkt. Ich versuche unsichtbar zu sein, aber er sieht mich immer. Schlägt mich und drückt Zigaretten auf meinem Rücken aus.

Jetzt habe ich eine neue Familie und neue Schule. Jetzt hab ich immer Angst, dass mir alles wieder weggenommen wird, wenn ich was falsch mache. In der neuen Schule wurde ich neben Jakob gesetzt und der ist echt komisch. Ich versuche wieder, unsichtbar zu sein und nicht aufzufallen. Und es funktioniert nicht. Jakob hat die Scheißidee, in diese Hütte einzusteigen. Und da begegnet er meinem Vater

Historie

-

Want

Ich will nicht auffallen, weil ich mir die Schuld an allem gebe

Need

Gesehen werden, Geborgenheit, Geliebt-werden-wollen

Konflikt/Gegenspieler

Ich selbst/Jakob/mein Vater

Cressida Pazzoli

Ich bin die Mörderin! Mörderin meines eigenen Lebens, meines Vaters. Ich freue mich darauf, ihn zu töten. Das wird mir eine große Freude sein. Es ist mir egal, wie lange ich dafür im Gefängnis sitze. Geld, Macht, Sexualität sind mein derzeitiges Gefängnis.

Ich heiße Cosima, das kleine Ding. Wie ich heiße, wenn ich ihn getötet habe, entscheide ich dann. Carmen würde passen. Oder Cressida, wie die aus Shakespeares »Troilus & Cressida«

Historie

Ich bin 20 Jahre alt und möchte meine Geschichte vergessen. Ich möchte, dass meine Geschichte beginnt mit dem Tag, an dem ich meinen Vater töte.

Mein Vater hält mich für zart und zerbrechlich. Zerbrochen hat er mich, aber zart bin ich dadurch nicht geworden

Want

Mit beiden Beinen auf der Erde stehen und Hühner züch-
ten. Ich möchte auf der kleinen Insel Vignole leben. Sie ist
so klein, dass ich frei sein kann, denn ich weiß jederzeit, wer
sie betritt

Need

Geliebt zu werden, aber ich weiß nicht, wie ich damit um-
gehen werde, wenn es passiert. Matteo sagt, er liebt mich,
aber ich kann den Unterschied zwischen seiner Liebe und
der meines Vaters nicht erkennen. Dafür muss ich das eine
Leben, die eine Liebe, erst töten

Konflikt/Gegenspieler

Mein Vater ist der Gegenspieler meiner Mutter gewesen,
aller Frauen, die von ihm betrogen worden sind. Ich werde
damit Schluss machen. Ich freue mich auf den Moment des
Erkennens meines Muts, meiner Rache, meiner Genugtuung

Das Buch über die Schwestern Pazzoli erscheint mit dem Ti-
tel *Viele Erben verderben das Sterben* unter dem Pseudonym
Auerbach & Auerbach im Frühjahr 2021 bei Ullstein.

5. Plotten & Co.

5.1 Inspiration

Sie haben nun für Ihre wichtigen Figuren Karten erstellt und sie auch besprochen. Wie geht es weiter? Höchstwahrscheinlich muss ich Ihnen nicht groß raten, was zu tun ist. Denn diese Methode setzt jede Menge Energie frei und Sie werden all die Inspirationen in Text umzusetzen wollen.

„Mein heutiger Schreibtag wird so was von flutschen, da ich jetzt endlich auch meine Nebenfiguren verstehe!"

Ivonne Keller

Am besten positionieren Sie die Karten rund um Ihren Arbeitsplatz und lassen sie weiter wirken. Denn auch nach der eigentlichen Besprechung können sie Sie zu neuen Erkenntnissen anregen.

Manchmal stellt sich sogar erst nach einiger Zeit das Aha-Erlebnis ein. Hier zwei Erfahrungsberichte.

„Auf die Wirkung der CharakterCards ist Verlass. Ich brauche dafür nur Geduld. Ich betrachte meine gebastelten Karten zwei, drei Wochen lang voller Verwunderung und langsam wird mir klar, warum ich welche Karte wie gestaltet habe, was die einzelnen Details bedeuten könnten. Das Rätselhafte der Karten verwandelt sich in Sinnzusammenhänge und damit in Verständnis für die Figuren, die sie symbolisieren, und ich bin erstaunt über das unbewusste Wissen, das von Anfang an in ihnen – und allem Anschein ja auch in mir – steckte. Ja, man sieht nur mit dem Herzen gut."

Anne von Vaszary
Autorin

„Ich liebe es, mit CharakterCards zu arbeiten. Es macht mir große Freude, diese Karten zu „erschaffen". Und ich bin immer neugierig, wohin sie mich dann führen, denn sie führen ganz sicher
irgendwohin, wenn man sich darauf einlässt. Ganz konkret habe
ich erlebt, dass diese Karten direkt mit dem Unterbewussten ver-
bunden zu sein scheinen, also mehr wissen, als es dem Selbst
gerade bewusst ist.

Ich erstellte Karten zu einem Roman, den ich schon fertig geschrieben hatte - ich war in der Überarbeitungsphase zu meinem
Roman „Alabasterball" (Arena) und dachte, ich wüsste wirklich
alles über meine Figuren.

Die Karten für diese Hauptfiguren habe ich nur deshalb gestaltet, weil ich neugierig war, wie sie wohl aussehen würden.
Und es hat mich nicht wenig erstaunt, dass der männliche, sehr
komplexe jugendliche Held dann weiße Haare hatte. Ich schob
es darauf, dass ich – trotz der unglaublichen Auswahl an Material, für das Ingrid Werner bei ihren Seminaren immer sorgt – kein
anderes Bild finden konnte, das auch nur annähernd meiner
Figur entsprach.

Als ich zwei Wochen später bei meiner Überarbeitung am Ende
des Romans angekommen war, wurde mir klar, dass der Schluss
so noch nicht wirklich rund war, aber ich wusste nicht so recht,
wie ich vorgehen sollte. Mir fehlte „die" zündende Schluss-Szene.

Nachdem ich mal wieder zwei Stunden mit Grübeln beschäftigt
gewesen war, griff ich nach den Karten und betrachtete sie eine
Weile lang sehr konzentriert und plötzlich fiel es mir wie Schup-
pen von den Augen: Ja klar, mein Held musste in dieser letzten
Szene weiße Haare haben, denn bei dem jugendlichen Helden
handelte es sich um einen verfluchten Gestaltwandler, der schon
viele Jahrhunderte gelebt hatte – es hatte sehr wohl einen Sinn
gehabt, dass ich unbewusst genau dieses Bild ausgewählt habe.

Und diese weißen Haare waren dann letztlich das Schlüssel-
symbol und eine Art Fragezeichen für meine Schluss-Szene und

haben den Lesern einerseits sehr viel erklärt, andererseits auch Fragen aufgeworfen, ohne dass ich in langatmige Erklärungen verfallen musste. Damit hatte ich das absolut passende Ende für einen Roman gefunden, der „Alabasterball" heißt. Alabaster ist ja vor allem berühmt für seine Weißheit.

Die weißen Haare auf der Karte waren also ein weiser Wegweiser, der mir dabei geholfen hat, unbewusste Erkenntnisse sichtbar zu machen."

Beatrix Mannel Gurian
Autorin

5.2. Konflikte und Plotten

Mit diesen Karten können Sie auch plotten. Sie nehmen zwei Karten zur Hand und lassen sie erzählen. Welchen Konflikt hat Figur A mit Figur B?

Oder Sie betrachten die Vernetzung zwischen mehreren Figuren. Welche Verbindungen bestehen zwischen A, B, C und D? Die Figuren werden Ihnen antworten.

5.3 Anfang und Ende

CharakterCards können auch dabei helfen, die Entwicklung einer Figur oder – bei mehreren *Doppelkarten* – der ganzen Geschichte darzustellen. Dazu nehmen Sie sich explizit vor, zuerst eine Karte von Figur A zu Beginn der Geschichte zu kreieren und zu besprechen. Im zweiten Schritt gestalten und besprechen Sie eine Karte von Figur A am Ende der Geschichte. Sie können sich sicherlich vorstellen, dass die beiden Karten nicht identisch sein werden.

5.4. Präsentation

Die CharakterCards sind ein guter Beistand, wenn man sein Projekt präsentieren will. Auch wenn man Monate oder Jahre daran gearbeitet hat, vielleicht sogar schon die ganze Geschichte geschrieben und ewig am Exposé gepuzzelt hat, sind gerade künstlerisch tätige Menschen oft nicht selbstbewusst genug, um ihr Projekt bei den neuralgischen Stellen Agentur oder Verlag souverän anzupreisen. Das ist auch nicht leicht, schließlich geht es um hopp oder top. Eigenwerbung und Selbstvermarktung können knifflig sein und es verlässt einen die Eloquenz, wenn man vor dem Entscheider über sein Herzensprojekt sitzt.

In dieser Situation kann es helfen, die CharakterCards der wichtigsten Figuren als Beistand mitzunehmen. Denn auch dem professionellen Gegenüber werden die Bilder etwas erzählen. Und anhand der Karten fällt es Ihnen leichter, von Ihren Figuren und deren Konflikten zu sprechen. Beides zusammen ergibt für die Agentin oder die Lektorin ein runderes Bild, das die Entscheidungsfindung positiv beeinflussen wird. Auch wird Ihr Projekt aufgrund dieser - noch – ungewöhnlichen Präsentation länger im Gedächtnis bleiben.

„Auf der Frankfurter Buchmesse hatte ich mein erstes Verlagsgespräch und hatte dafür zwei CharakterCards mit im Gepäck. Meine zwei Hauptfiguren wurden für mein Gegenüber dadurch lebendiger, greifbarer und ich habe sofort gemerkt, wie das Interesse noch mehr stieg. Die Karten wurden gedreht und gewendet und die Bilder darauf hinterfragt. Das Gespräch wurde lockerer und anhand der Karten konnte sich mein Gegenüber mehr in die Hauptpersonen hineinversetzen. Ich bin selbstbewusster, wenn ich meine „Figuren" zu solchen Gesprächen mit dabeihabe. So erzählen sie ihre eigene Geschichte."

Natalie Schauer,
Autorin

Die Karten peppen Ihre Lesungen auf. Heutzutage sitzt man ja nicht vor seiner Zuhörerschaft und liest nur vor, sondern man lockert die Lesepassagen mit Erzählungen über die Entstehungsgeschichte, Episoden aus dem Schriftstelleralltag und Einblicke in den Schreibprozess auf. Hier kommen die CharakterCards zum Einsatz. Zeigen Sie die Karten (vielleicht sogar mit dem Beamer), erzählen Sie, welche Geistesblitze und Inspirationen die Karten Ihnen geschenkt haben und welches Detail auf der Karte die Wendung in der Geschichte ausgelöst hat. Die Leute werden von der visuellen Ergänzung Ihrer Lesung begeistert sein.

6. Oder doch mal live dabei?

6.1. Workshops

Vielleicht haben Sie nach der Lektüre des Buches Lust bekommen, einen Workshop von mir zu besuchen. Ich biete immer wieder Workshops in verschiedenen Orten Deutschlands und in Wien an. Außerdem gebe ich Online-Schulungen.

Nähere Informationen und die Termine finden Sie auf meiner Homepage
www.werner-ingrid.de

Oder Sie sind Teil einer Autorengemeinschaft und wollen einen Workshop in Ihrer Nähe organisieren? Kein Problem. Schreiben Sie mir unter
info@werner-ingrid.de

„CharakterCards gehört ganz sicher zu den besten Schreib-Schulungen, die ich besucht habe. Diese Technik ist hervorragend geeignet, um seine Figuren aus dem Klischee zu holen und Geschichten zu entwickeln, die aus den Figuren hervorgehen (statt Figuren für seine Geschichte zu suchen)."
Dr. Anette Kleszcz-Wagner

6.2. Und was sagen die anderen?

„Ich hatte eine Vorstellung vom Plot, bevor ich zum Workshop ging, war mir aber nicht sicher, ob ich wirklich vier Schwestern brauchte, um darzustellen, worum es mir in der Geschichte ging. Ich habe dann für jede der Schwestern eine Charakterkarte

erstellt und dabei gemerkt: Was mir fehlt, ist ein Bindeglied zwischen den Erlebnissen der Schwestern und dem Erleben der Leserinnen, etwas, das vorbereitet auf den Höhepunkt, ohne etwas vorwegzunehmen. Ich habe also eine fünfte Karte erstellt und plötzlich machte es Klick. Nicht nur ein Schalter wurde umgelegt, um den Bahnhof zu erhellen, von dem meine Geschichte losfuhr - die ganze Trasse war hell erleuchtet und das Buch schrieb sich bis zur letzten Zeile wie auf Schienen."

Fenna Williams
Autorin und Drehbuchautorin

„Zu Beginn meines neuen Projektes habe ich Ingrid Werners Workshop CharakterCards besucht. Durch die Arbeit in dem Workshop haben sich viele Details bei meinen Figuren herauskristallisiert, die ich ohne den Workshop vielleicht gar nicht bzw. nicht in diesem frühen Projektstadium gefunden hätte. Dadurch bekamen die Figuren viel mehr Tiefe und Schärfe und die Verbindungen zwischen den Figuren wurden deutlicher. CharakterCards waren für mich ein sehr gutes und nützliches Hilfsmittel bei der Figurenentwicklung."

Janet Clark
Autorin

„Ich bin immer noch in Hochstimmung wegen des tollen Seminars! Nicht nur, dass mir das Herstellen der CharakterCards großen Spaß gemacht hat – ich habe auch meine Charaktere erst richtig kennen gelernt. Über jeden von ihnen habe ich Überraschendes erfahren. Damit hatte ich nicht gerechnet. Jetzt sind sie lebendig geworden und ich bin gespannt, was ich noch mit ihnen erleben werde. Nebenbei: keine Zeitschrift ist mehr vor mir sicher ..."

Gabriele Scholtz
Autorin

„Es ist eine alte Erkenntnis, dass die eigenen Romanfiguren klüger sind als man selbst. Nur wenn man sie gewähren lässt, machen sie den Plot erst richtig rund. Wer es schafft, ihnen rechtzeitig hinter die Stirn zu gucken, ist klar im Vorteil und spart sich am Ende Überarbeitung um Überarbeitung, damit sie einerseits stimmig, andererseits differenziert genug auftreten. Was bin ich dankbar, Ingrids CC-Methode bei meinem aktuellen Projekt gerade noch rechtzeitig kennenzulernen! Nun haben meine Figuren keine Chance mehr, mich an der Nase herumzuführen. Ich betrachte mir ihre Karte, und dann reden wir. Wann immer es mir einfällt. Oder ihnen. ☺"

Ella Theiss
Autorin

„Das Seminar hat mich nachhaltig beeindruckt, meine Figuren treibts um seither, besonderes einer davon hat mir sehr viel über sich offenbart, ich sehe ihn nun mit anderen Augen und verstehe ihn viel besser!"

Ruth Edelmann-Amrhein
Autorin

„Ich habe noch keine Schulung erlebt, wo derart wenig gesprochen wurde, weil jeder in seine Arbeit vertieft war. Die anschließende intuitive Erarbeitungsmethode der CharakterCards mit Hilfe eines Gesprächspartners macht Mega-Spaß, ist erstaunlich bewegend und faszinierend."

Carola Zain
Autorin

„Die CharakterCards haben mir meine Figuren auf intuitive Art noch mal nähergebracht."

Anke Küpper
Autorin

„Der Kurs war absolut inspirierend. Ingrid hat uns mit viel Geduld und Fachkenntnis die Methode beigebracht und stand dann mit Rat und Tat zur Seite. Mir ist einiges über meine Figuren klar geworden, was ich noch gar nicht so genau wusste."

Ursula Hahnenberg
Autorin und Lektorin

6.3. CharakterCards®
ist eine eingetragene Marke

Sollten Sie von CharakterCards so begeistert sein, dass Sie die Methode an Ihre Autorenkolleginnen oder Schreibeleven weitergeben wollen, ist das völlig in Ordnung. Ich bitte Sie allerdings, mich als Urheberin von CharakterCards zu nennen und dieses Buch zu zeigen. Achten Sie bitte darauf, dass Sie selbst für Ihr Angebot nicht den Namen CharakterCards verwenden dürfen, da CharakterCards® eine geschützte Word-Bild-Marke ist. Sie dürfen sich auch nicht Charakter-CardsCoach oder -Trainer nennen.

7. Analog versus digital

Vielleicht denken Sie sich, ach, warum soll ich Geld für Zeitschriften ausgeben und mir die Mühe machen, unzählige Bilder auszureißen und zu sammeln. Die liegen doch nur in der Ecke und verstauben. Wofür gibt es das Internet?

Sie haben Recht. Natürlich besteht die Möglichkeit, Fotosammlungen im Internet nach dem perfekten Abbild Ihrer Protagonistin zu durchsuchen. Schließlich kann man dort Eckdaten wie *blonde Frau mit roter Brille* eingeben und schon erhält man unzählige Vorschläge.

Eventuell gehen manche einen Schritt weiter und kommen auf die Idee, die in der virtuellen Welt gefundenen Bilder gleich am Computer zu einer Collage zusammen zu stellen - und fertig ist die Karte.

Natürlich wäre das eine Möglichkeit, aber ich würde Ihnen trotzdem davon abraten.

- Erstens setzt die Arbeit fernab vom PC frische Kreativität frei.
- Die Gefahr ist groß, dass Sie bei einer digitalen Gestaltung stundenlang vor dem PC sitzen, bis Sie das Bild gefunden haben, das am ehesten Ihren Vorstellungen entspricht. Wir wissen alle, wie das ist. Und eigentlich wollte Sie ja eine kreative PC-Abstinenz einlegen.

- Drittens fehlt Ihnen so die haptische Komponente und das ist nicht zu unterschätzen. Mit den Händen etwas zu erschaffen, ist eine Fähigkeit, die uns modernen Menschen zunehmend fehlt. Dabei ist es wissenschaftlich erwiesen, dass durch die feinmotorischen Bewegungen der Hände das Gehirn angeregt wird und dadurch kreative Prozesse unterstützt werden. Außerdem ist es befriedigend, etwas Selbsterschaffenes in Händen zu halten. Sie werden es sehen. Probieren Sie es aus!

Eine Kursteilnehmerin meinte, der Vorgang des Collagenerstellens bei CharakterCards würde sie an die entspannende Versunkenheit in ihrer Kindheit erinnern, als sie damals im Basteln die Welt um sich herum vergaß und nach einer Weile wieder neubelebt auftauchte.

Ein Grundsatz von CharakterCards ist, vorgefasste Meinungen und Vorstellungen loszulassen.

- Und viertens steigert es Ihre Inspiration, wenn Sie nicht das perfekte Abbild Ihrer Vorstellung als Arbeitsgrundlage vor sich haben. Ein Grundsatz von CharakterCards ist, vorgefasste Meinungen und Vorstellungen loszulassen. Machen Sie sich frei davon, dass nur eine hundertprozentige Übereinstimmung der äußeren Merkmale des gefunden Fotos mit Ihrer Protagonistin Ihnen auch hundertprozentig helfen kann. Das Gegenteil ist der Fall!

Ihre Phantasie wird viel effektiver angeregt, wenn Sie sich aus dem Bauch heraus für das Foto einer Person entscheiden, die vielleicht nicht so aussieht, wie Sie sich vorgestellt haben, aber dafür einen bestimmten Blick, eine spezielle Ausstrahlung hat. Erinnern Sie sich an die oben bereits erzählte Geschichte: Eine Teilnehmerin fand in den hunderten von ausgeschnittenen Personen eines meiner Workshops partout nicht das *richtige* Foto. Sie folgte meinem

Rat, sich bei den Tieren umzuschauen – und schwupps hatte sie die perfekte Darstellung ihres Protagonisten: ein Wildschwein. Dieses Tier symbolisierte nicht nur alle Eigenschaften, die sich die Autorin für ihre Figur wünschte, sondern hatte in der Besprechung darüberhinausgehende Überraschungen für sie bereit, die ihr sehr weiterhalfen.

- Außerdem würden Sie durch die Arbeit am PC das Vergnügen opfern, in den Flow zu kommen. Keine Theta-Wellen für die Inspiration.

Deshalb plädiere ich immer wieder dafür, offen und flexibel zu sein. Vertrauen Sie darauf, dass unter den von Ihnen gesammelten Materialien das Richtige auf Sie wartet. Sie müssen nicht das Internet durchforsten, um eine aussagekräftige Karte zu erschaffen.

Anhang

Entspannungssequenz

Setzen Sie sich bequem auf einen Stuhl und legen Sie die Arme auf den Lehnen oder auf Ihren Oberschenkeln ab. Ihre Füße berühren mit der ganzen Fußsohle den Boden. Notfalls schieben Sie ein Kissen darunter.

Wenn Sie eine angenehme Sitzposition gefunden haben, schließen Sie die Augen und atmen tief ein und durch den Mund aus.

Gehen Sie mit Ihrer Aufmerksamkeit zu den Füßen. Spüren Sie die Auflagefläche der Sohlen auf der Unterlage? Der Boden trägt Sie, Sie können beruhigt loslassen.

Atmen Sie ein und durch den Mund aus.

Wandern Sie in Gedanken Ihre Unterschenkel hinauf, durch die Knie, die Oberschenkel entlang bis in Ihr Becken. Spüren Sie, wie die Sitzfläche des Stuhles Ihnen Halt gibt? Lassen Sie sich ganz hineinsinken.

Atmen Sie tief ein und durch den Mund aus.

Gehen Sie mit Ihrer Aufmerksamkeit langsam die Wirbelsäule nach oben, Stück für Stück, bis Sie in Ihrem Nacken ankommen sind. Bewegen Sie sacht den

Kopf einige Male von links nach rechts. Ihr Nacken entspannt sich.

Atmen Sie tief ein und durch den Mund aus.

Wie fühlen sich Ihre Schultern an?

Atmen Sie ein und durch den Mund aus und lassen Sie Ihre Schultern los. Ihre Arme werden von den Lehnen, Ihren Oberschenkeln getragen. Die Schultern sind frei.

Nun wandern Sie mit Ihrer Aufmerksamkeit den Nacken hinauf zu Ihrem Kiefer. Lösen Sie die Zahnreihen voneinander, die Zunge liegt entspannt im Mundraum.

Ihre Aufmerksamkeit wandert über Ihre Nase zu den Augen. Sie liegen entspannt in ihren Höhlen. Die Lider überspannen sie zart und beschützen sie.

Wandern Sie zu dem Punkt in der Mitte zwischen Ihren Augenbrauen, ein Stück die Stirn hinauf. Dort sitzt das dritte Auge, das Symbol für Inspiration und der Zugang zu Ihrer Intuition. Allein durch Ihren Gedanken aktivieren Sie diese Zone. Fühlen Sie die Stelle leicht pulsieren?

Atmen Sie ein und durch den Mund aus.

Nun lassen Sie Ihre Aufmerksamkeit über die Stirn zu Ihrem Scheitelpunkt in der Mitte des Kopfes wandern und entlassen Sie ihre Gedanken in den Kosmos.

Sie sind jetzt bereit, sich ganz auf Ihr Projekt zu konzentrieren. Sie freuen sich darauf, Ihre Figuren neu und besser kennenzulernen.

Sie laden eine Nebenfigur ein, sich zu zeigen. Mit dieser werden Sie zu arbeiten beginnen.

Ja, genau, diejenige, die sich als erste gezeigt hat, ist die Richtige.

All die anderen, die sich vielleicht auch nach vorne drängen, vertrösten Sie auf später.

Begrüßen Sie die erste Figur. Öffnen Sie die Augen. Und das Abenteuer kann beginnen.

Wie können Sie ein Kartenset bestellen?

Wenn Sie das Kartenset (Karte plus Hülle mit
Adhäsionsverschluss) ausprobieren wollen,
können Sie es bei mir bestellen.

Weitere Infos dazu unter
info@werner-ingrid.de

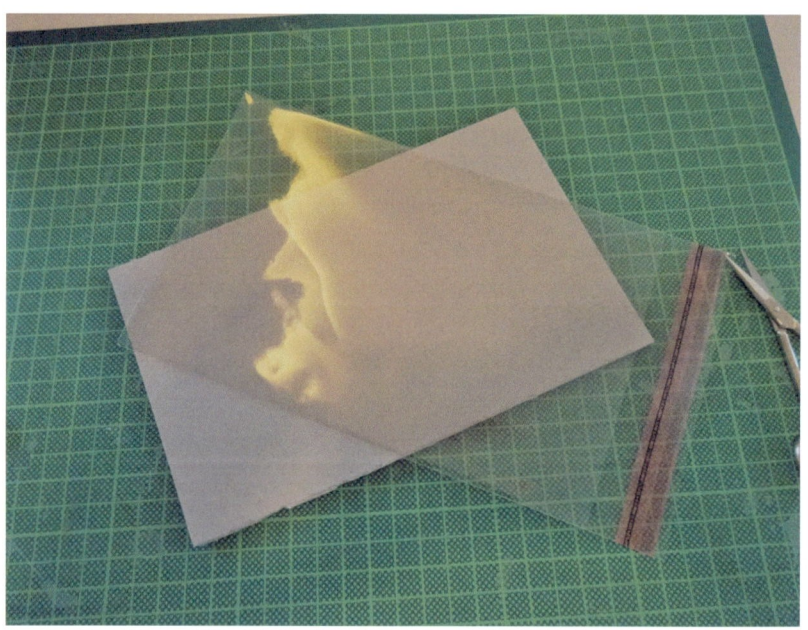

Die Autorin

Ingrid Werner, Fotografin Manuela Obermeier

Ingrid Werner hat sich mit den Berufen Bankkauffrau, Juristin, Heilpraktikerin, Entspannungspädagogin, Kunsttherapeutin, freischaffende Malerin, Workshop- und Gruppenleiterin, Autorin, Herausgeberin und Lektorin sowie Mutter von drei Kindern perfekt auf die Methode CharakterCards und deren Weitergabe vorbereitet.

Sie arbeitet gern mit Kolleginnen und Kollegen zusammen und ist Mitglied bei Mörderische Schwestern e.V., Das Syndikat e.V. und Verband deutscher Schriftstellerinnen und Schriftsteller.

Ihre CharakterCards-Workshops finden in Deutschland und Österreich statt.

www.werner-ingrid.de

**Vielleicht haben Sie Lust, auch noch etwas anderes
von mir zu lesen?**

Einen humorvollen Regiokrimi oder spannende
Kurzgeschichten?
Mehr Infos auf meiner Homepage
www.werner-ingrid.de

Erhältlich im Buchhandel oder gern mit Widmung
direkt bei mir unter
info@werner-ingrid.de

Und zu guter Letzt ...

Ich wünsche Ihnen, dass Sie einen Einblick in die Welt der
CharakterCards gewonnen und sie selbst gewinnbringend
ausprobiert haben. Viel Erfolg bei Ihren nächsten Projekten
mit den schillernden Figuren aus den CharakterCards!
Über eine kurze Rückmeldung Ihrer persönlichen
Erfahrungen würde ich mich freuen. Und natürlich auch
über eine Rezension in den üblichen Portalen. Jede
Rezension hilft, das Buch sichtbarer zu machen.
Im Voraus herzlichen Dank!